AF586440

# ACADÉMIE

DES

# INSCRIPTIONS & BELLES-LETTRES



## COMPTES RENDUS

DES

## SÉANCES DE L'ANNÉE

## 1910

RAPPORT DE M. PAUL PELLIOT
SUR SA MISSION AU TURKESTAN CHINOIS
(1906-1909)

PARIS

LIBRAIRIE ALPHONSE PICARD ET FILS,

LIBRAIRE DES ARCHIVES NATIONALES ET DE LA SOCIÉTÉ DE L'ÉCOLE DES CHARTES

82, RUE BONAPARTE, 82

M D CCCC X

Recueil paraissant tous les mois, par fascicules de 7 à 8 feuilles, avec planches et figures. Prix de l'abonnement annuel : — 12 fr.

Extrait des *Comptes rendus des séances de l'Académie des Inscriptions et Belles-Lettres*, 1910, p. 58.

# RAPPORT DE M. PAUL PELLIOT SUR SA MISSION AU TURKESTAN CHINOIS (1906-1909)





En prenant la parole devant l'Académie, je tiens avant tout à m'acquitter d'un devoir de reconnaissance. Ma dette vis-à-vis de vous est déjà lointaine, et elle s'accroît tous les jours. Voilà onze ans, votre bienveillance m'a valu de devenir pensionnaire de cette École française d'Extrême-Orient, à laquelle depuis lors je n'ai pas cessé d'appartenir; permettez-moi de vous dire aujourd'hui, au nom de ceux d'entre nous qui ont débuté là-bas dans la science, combien votre intérêt de tous les instants nous a été un précieux appui, un réconfort, et souvent une sauvegarde. Cette fois encore, si ma mission a pu s'organiser et se poursuivre, c'est principalement grâce à vous. C'est fort de votre approbation qu'un membre de l'Académie, M. Émile Senart, a pu faire auprès des Ministères et des Sociétés savantes les premières démarches. C'est grâce au généreux prélèvement que vous avez immédiatement consenti sur le fonds Benoît Garnier qu'il devint possible de faire cristalliser, autour de ce premier noyau, d'autres bonnes volontés. Enfin, parmi les quelques particuliers qui ont aidé notre entreprise, il y a deux membres de l'Académie, M. Senart et M. le duc de Loubat. La mort en a enlevé un troisième, le regretté Barbier de Meynard.

Mon vœu le plus cher serait que cette mission, qui dans son organisation a été vôtre à tant d'égards, ne vous apparût pas trop indigne de vous par ses résultats. Vous vous rappelez dans quelles circonstances nous partîmes. Depuis près de dix ans, des missions se succédaient au Turkestan chinois pour y retrouver les vestiges de ce bouddhisme qui y fleurit jusqu'à l'arrivée de l'islam vers l'an 1000 ; mais la France n'avait pas participé à ces recherches. Quand nous nous mîmes en route, en 1906, les meilleures places étaient prises. Enfin nous n'avions pas dans le pays, comme les Russes et les Anglais, des consuls et des compatriotes pour nous renseigner et nous seconder. Mes excellents compagnons, — le Dr Louis Vaillant et M. Charles Nouette, — et moi-même avons paré de notre mieux à ces conditions assez défavorables. A diverses reprises, d'heureuses chances ont récompensé notre effort. Par les lettres que M. Senart lui a communiquées, l'Académie a été régulièrement tenue au courant de nos découvertes.

Ces découvertes, j'avais songé d'abord à vous les présenter en un tableau d'ensemble, pour en dégager ensuite quelques conclusions sur l'histoire religieuse et artistique du Turkestan chinois. Mais il m'est vite apparu que la tentative était prématurée. Je ne connais pas encore le butin très important que nos confrères étrangers ont rapporté à Berlin et à Londres. Nos propres collections archéologiques, à peine déballées, sont actuellement dispersées pour des travaux de montage et d'encadrement. Il me paraîtrait peu scientifique de parler sur des impressions de voyage forcément rapides et fragmentaires quand, dans vingt jours peut-être, l'ouverture d'une nouvelle salle au Louvre nous permettra de préciser et de motiver nos jugements tout à loisir. J'espère que vous voudrez bien m'excuser si, renonçant par suite à vous exposer systématiquement des résultats, je ne fais guère aujourd'hui que vous présenter des documents.

Au point de vue archéologique, les trois grandes étapes de notre voyage sont Toumchouq, Koutchar et Touen-houang. Près de Toumchouq, oasis minuscule à mi-chemin entre Kachgar et Koutchar, nous avons reconnu et déblayé un temple bouddhique, dont les vestiges avaient été attribués jusque-là à quelque tardif établissement musulman. En six semaines de fouilles, nous avons recueilli un grand nombre de statuettes, des têtes principalement, généralement moulées, puis séchées au soleil et peintes, mais qui ont subi, de par l'incendie du temple, une sorte de cuisson accidentelle. Là aussi, nous avons mis à jour une galerie assez endommagée de bas-reliefs représentant des épisodes de la vie du Buddha, et dont nous avons rapporté trois panneaux. Dans tous ces monuments, on retrouve sans peine des caractéristiques de l'art gréco-bouddhique. Mais au delà, notre incertitude commence. Nous sommes en présence d'un art déjà extrêmement élaboré, et pour l'histoire duquel il nous manque encore trop d'intermédiaires. Les dates mêmes ne sont pas établies avec certitude. De quelques papiers trouvés dans le temple, on peut déduire qu'il n'était pas encore détruit vers l'an 800 ; nous nous en doutions déjà par l'histoire même de la région. Mais dans ces ruines mêmes, on reconnaît la trace de plusieurs âges de décoration, et aussi de styles très différents, depuis des motifs hindous jusqu'à des formules habituelles de l'art chinois. Les types ni les scènes ne se laissent guère encore identifier. Et ainsi à tous points de vue, date, style, interprétation, nous sommes provisoirement réduits à des aveux d'ignorance.

Dans la région de Koutchar nous sommes restés huit mois. Les fouilles les plus fructueuses ont été exécutées dans le temple de Douldour-âqour, à l'Ouest de Koutchar. L'Académie a été mise au courant des découvertes que nous y avons faites ; je rappellerai seulement que, dans la cour intérieure de ce temple, nous avons mis à jour un lot assez important de manuscrits en écriture brahmî. Mais il est difficile de donner encore des indications précises sur le contenu de ces manuscrits. On y reconnait parfois des mots sanscrits, des formules du bouddhisme, mais aussi des spécimens de ces langues perdues d'Asie Centrale dont le déchiffrement est à peine commencé. D'ailleurs, beaucoup de ces textes sont en mauvais état, et une élaboration matérielle s'impose avant l'étude philologique. En dehors de ces temples de plein air, l'ancien bouddhisme a laissé non loin de Koutchar, à Qyzyl et à Qoum-tourâ, des *ming-uï* particulièment importants Vous vous rappelez que les *ming-uï* sont des groupes de grottes artificielles ornées de peintures murales et aménagées jadis en sanctuaires bouddhiques. Ceux de Qyzyl et de Qoum-tourâ sont les plus importants sur tout le versant sud des Monts Célestes. Le professeur Grünwedel les avait déblayés avant notre arrivée, et nous nous sommes contentés d'y prendre un bon nombre de photographies. Ces grottes sont généralement aménagées sur le type des temples de plein air, avec de pseudo-plafonds à encorbellement, et plus tard de fausses coupoles. Autour de l'autel postcentral est réservé un corridor de *pradakṣiṇā;* l'un de ces corridors, qui semble être du VIII<sup>e</sup> siècle, offre un type curieux d'arc outrepassé. Il y a certain nombre de grottes de décoration chinoise, du moins à Qoum-tourâ, et cela s'explique par la présence certaine de temples et de bonzes chinois dans le « royaume » de Koutchar au VIII<sup>e</sup> siècle. Mais dans d'autres grottes, on reconnaît un tel mélange d'influences hellénisante, hindoue, iranienne, auxquelles s'est superposé un appoint indigène encore difficile à mesurer, qu'une fois de plus, sans élaborer de théorie, je me contente de vous montrer des spécimens de ces monuments si nouveaux pour nous et dont l'étude reste à faire [1].

1. Au cours de son exposé, M. Pelliot a fait passer sous les yeux de l'Académie un certain nombre de photographies relatives à ses fouilles de Toumchouq et Koutchar, et aux deux groupes de *ming-uï*.

J'ai hâte d'arriver à Touen-houang, qui nous retiendra plus longtemps. Touen-houang, comme Koutchar, était célèbre par des grottes, un *ming-uï*, ou, comme on dit en chinois, un « Ts'ien-fo-tong ». Celui de Touen-houang, déjà connu par les récits de Prjévalskii, Bonin et autres, venait d'être visité, juste avant notre arrivée, par notre confrère Stein. Mais Touen-houang, quoique tenant du Turkestan par son climat et par les sables qui l'entourent, a été dès le début de notre ère sous l'influence directe de la Chine. Son Ts'ien-fo-tong est chinois et nul sinologue ne l'avait encore étudié; je me suis consacré à cette tâche.

Le Ts'ien-fo-tong de Touen-houang compte près de 500 grottes ; beaucoup sont d'ailleurs de simples niches, et un certain nombre ne comportent plus aucune décoration. Quelques grottes, et non des moindres, ont été « restaurées » dans les temps modernes, au XVIIIe et surtout dans la deuxième moitié du XIXe siècle ; les couloirs ont été réenduits, les autels refaits, les statues remodelées : le progrès de ce travail pieux menace des pires dégâts. Un petit groupe de grottes, isolées au Nord du Ts'ien-fo-tong, date du XIIIe et du XIVe siècle. Mais, dans l'ensemble, il ne reste pas moins de 200 à 250 grottes creusées, aménagées, décorées du Ve au XIe siècle. Préservées des ravages du temps et de l'islam, elles nous sont un répertoire infiniment précieux de documents sur l'art et la civilisation de la Chine du Nord pendant près de 600 ans.

Ce qui ressort clairement pour moi de l'étude du Ts'ien-fo-tong de Touen-houang, c'est la grandeur et la profonde originalité de l'art des Wei. Les Wei étaient une dynastie non chinoise, qui s'installa dans la Chine du Nord, au Chan-si d'abord, puis au Ho-nan, et dura pendant tout le Ve et la première moitié du VIe siècle. Les monuments qu'elle a laissés étaient absolument inconnus il y a dix ans, mais peu à peu ils nous deviennent accessibles. M. Chavannes a récemment étudié sur place l'art des Wei dans les Ts'ien-fo-tong de Ta-t'ong-fou et de Long-men, où il s'agit de sculptures sur pierre. Le Ts'ien-fo-tong de Touen-houang nous fait connaître, à côté du travail de la pierre, la peinture et les stucs polychromes. Et on peut dire qu'avec l'époque des Wei, l'art atteint du premier coup dans les grottes un degré qu'il ne dépassera pas. Sous les T'ang, au VII^e^ et au VIII^e^ siècle, les traits sont plus épais, les contours s'alourdissent ; c'est déjà, à mon avis, un art de décadence. Naturellement il faut s'entendre sur ce mot de décadence. Les principaux peintres — je ne parle pas des sculpteurs, car l'histoire de l'art en Chine les ignore — de l'époque des T'ang jouissent d'une grande célébrité en Chine et au Japon. Ce n'est que justice. Certains eurent beaucoup de talent, parfois du génie. Mais la décoration des grottes n'est pas l'œuvre d'artistes d'exception, méritant une place à part hors la foule de leurs contemporains. Ces sculptures, ces peintures sont dues à des artisans, et tout ce que je veux dire, c'est que dans les œuvres *populaires* de l'époque des T'ang, dans ses peintures ou ses sculptures de grottes, on ne retrouve pas la spontanéité, la vigueur des œuvres similaires dues à l'époque des Wei. L'art des Wei est un art de primitifs. La foi est alors naïve et s'exprime par des moyens simples, dont la gaucherie même n'est pas sans charmes. Sous les T'ang, l'art populaire végète, et, si vous me permettez de traduire mon opinion par une comparaison avec les choses d'Occident, on pourra sous les T'ang, comme chez nous de nos jours, faire des tableaux de maîtres, mais on ne trouvera plus les ouvriers qui ont décoré les cathédrales. Du moins, Messieurs, est-ce l'impression qui s'est dégagée pour moi de l'étude des grottes. Mais ici encore je me hâte de vous rappeler combien notre information est fragmentaire. Certaines têtes, dans les sculptures des Wei, paraissent bien trahir aussi quelque lointaine influence hellénique. M. Chavannes a signalé à Ta-t'ong-fou un génie bouddhique qui paraît bien inspiré d'un Mercure. Une tradition nouvelle se serait régénérée là en un art nouveau, mais une fois de plus le progrès de cette évolution nous échappe[1].

Mais Touen-houang ne nous a pas retenus seulement par ses peintures murales et ses autels. Comme j'ai eu alors l'honneur d'en faire part à l'Académie, il nous a été donné d'y mettre la main sur une inappréciable collection de manuscrits antérieurs au XIe siècle, et qui, murés dans une niche en 1035 sans doute, avaient été retrouvés par hasard en 1900. Ces manuscrits étaient principalement en chinois et de caractère bouddhique, mais il y en avait aussi d'historiques, de philosophiques, des textes en sanscrit, en ouïgour, en tibétain, même un fragment de manuscrit hébraïque. Voici un court manuscrit nestorien, qui vient se placer à côté de l'inscription de Si-ngan-fou érigée en 781 et nomme le moine King-tsing, auteur de cette inscription. Cet autre fragment est tout ce qui a été retrouvé en Chine même de la littérature du manichéisme chinois. Ce rouleau, en merveilleux état, est un estampage de la *Vajracchedikā* écrite de la main même du célèbre calligraphe Lieou Kong-ts'iuan, estampage dont les pierres étaient déjà perdues au XIe siècle. Et ce serait là le doyen des estampages chinois sans cet autre texte, qui est une composition de l'empereur T'ai-tsong (627-649) des T'ang, encore signalée sous les Song, mais perdue depuis plusieurs siècles : cet estampage avait été levé immédiatement après la gravure du texte, car il porte une note manuscrite qui a été inscrite en 653. Ces imprimés xylographiques du Xe, du IXe siècle même, sont les plus anciens connus en Chine. Voici un manuscrit du Ve siècle ou du début du VIe siècle, sur soie, admirablement conservé ; cet autre texte a été brodé entièrement sur soie au point de chaînette. Joignez à tout cela des baux, des

1. M. Pelliot a présenté à l'Académie un certain nombre de clichés montrant la succession des diverses époques artistiques dans le Ts'ien-fo-tong de Touen-houang.

comptes, des portions de recensements, des notes journalières, en un mot de quoi refaire sur pièces d'archives la vie de cette région lointaine de la Chine, de l'an 700 environ à l'an 1000.

J'avais examiné pièce par pièce toute la bibliothèque ainsi retrouvée à Touen-houang, mais je n'ai pu acquérir qu'un tiers de l'ensemble, 5000 rouleaux environ. Du moins dans ce tiers avons-nous tout l'essentiel, et c'est à peine si j'ai prélevé quelques spécimens pour les faire passer aujourd'hui sous vos yeux.

Après vous avoir montré ces quelques ouvrages, il me reste à préciser ce qu'ils nous apportent de nouveau. Et là, je ne voudrais pas dépasser la mesure, mais je crois bien que l'acquisition des manuscrits de Touen-houang est un des trois ou quatre événements qui vont changer complètement les conditions du travail sinologique. Il n'y avait aucun manuscrit chinois ancien en Europe. En Chine même, il y a eu tant de révolutions, le climat, d'autre part, est si funeste aux livres dans toute la moitié méridionale de l'empire, que les manuscrits anciens ont été presque tous anéantis. L'imprimerie, pratiquée dès l'an 800 environ, et qui se développa rapidement au XI$^{e}$ siècle, a contribué aussi à cette disparition. Bref, il ne s'est guère conservé de manuscrits chinois anciens qu'au Japon, en très petit nombre, et principalement bouddhiques ; c'est de là que des érudits chinois en ont rapporté quelques-uns dans les trente dernières années ; aucun de ces manuscrits ne paraît bien antérieur à l'an 600. Tout d'un coup, nous avons accès non pas à une poignée de manuscrits, comme c'était le cas jusqu'ici en Chine et au Japon, mais à des milliers de rouleaux, aussi anciens, parfois plus anciens que tous ceux qu'on citait jusqu'à présent. Et nous les avons, non plus dispersés aux mains de quelques amateurs d'Extrême-Orient, mais sous la main et à l'abri dans nos collections nationales. C'est là pour la sinologie européenne une situation nouvelle et singulièrement plus avantageuse.

On me permettra d'ajouter que d'une autre manière encore j'ai tâché de servir les intérêts de nos études. Les Chinois ont beaucoup écrit, publié, commenté depuis cent ans. Mais le fonds chinois de la Bibliothèque nationale, constitué par des envois assez peu méthodiques dus aux missionnaires du XVIIIe siècle, non seulement ne possédait pas tous les livres essentiels quand il fut constitué, mais surtout ne s'était pas développé depuis lors. Les autres bibliothèques de l'Europe n'étaient guère en meilleure situation. J'ai profité de mon dernier séjour à Pékin pour compléter le fonds chinois de Paris, en achetant environ 30000 *pen* ou volumes chinois qui nous manquaient. Désormais le fonds d'imprimés chinois de la Bibliothèque nationale est sans rival en Europe, et sa collection de manuscrits chinois n'a pas d'équivalents, même en Chine.

Les érudits chinois ne s'y sont pas trompés. Il n'est pas d'efforts que le vice-roi du Tche-li, Touan-fang, n'ait faits auprès de moi pour se faire céder partie de nos manuscrits. Finalement, les lettrés de Pékin se sont constitués en une sorte d'association pour faire les frais de photographie, et éventuellement de publication en facsimilé, aux dimensions originales, de tous les textes essentiels. Les frais qu'entraînera la publication de nos collections seront déjà si élevés que je n'ai cru pouvoir mieux faire que d'accueillir cette offre, et je m'occupe de faciliter pour les érudits chinois la reproduction de nos textes. Ils y tenaient d'ailleurs beaucoup et je crois que nous avons tout intérêt à les satisfaire. Jusqu'ici, les sinologues européens n'ont guère pu entrer en relations avec leurs confrères les érudits indigènes. Or, au fur et à mesure que le travail sinologique, si longtemps chaotique, s'organise et progresse, nous sentons davantage le besoin de contacts plus étroits et plus fréquents avec ce qui se fait en Extrême-Orient. L'accueil très empressé qui m'a été fait récemment à Pékin nous donne à ce sujet les meilleures espérances ; à nous de ne pas décourager les bonnes volontés. Peu à peu les érudits chinois viennent d'ailleurs aux méthodes d'Europe. Jadis le savant chinois, d'une culture souvent encyclopédique, ayant tout lu et tout retenu de ce qui s'était dit et fait en Chine pendant près de 3000 ans, était jaloux de son savoir, et ne communiquait guère aux compatriotes, ses confrères, les livres où il avait puisé ses informations. Mais aujourd'hui, les bibliothèques publiques se multiplient, des musées naissent çà et là, et une véritable « Bibliothèque nationale » a été fondée à Pékin voilà quelques mois. A cette institution nouvelle, on a donné un des quatre exemplaires subsistants de la formidable collection de textes réunie au XVIII^e^ siècle par l'empereur K'ien-long et dont une grande partie nous est encore inconnue ; elle a reçu également les anciennes éditions conservées dans certains palais comme ceux de Jehol, ce qui reste, après l'incendie du Han-lin-yuan en 1900, de l'unique exemplaire du *Yong lo ta tien*, enfin et surtout les livres anciens du Nei-ko. Or cette dernière nouvelle n'a l'air de rien, et personne en effet ne pouvait savoir sur le moment ce que signifiait un tel don. Mais quand on pénétra dans les bâtiments du Nei-ko où ces livres étaient conservés et qu'on défit les liasses, on s'aperçut qu'il y avait là toute une bibliothèque d'imprimés et de manuscrits du XII^e^ et du XIII^e^ siècle, auxquels depuis le XIII^e^ siècle nul n'avait touché. Oui, Messieurs, comme c'étaient les livres de l'Empereur, il s'était trouvé que personne n'y avait eu accès, pas même les érudits qui, au XVIII^e^ siècle, avaient procédé pour le compte de l'Empereur au dépouillement de toute la littérature chinoise alors connue. On fait actuellement le catalogue de cette collection considérable, et on doit me l'envoyer dès son achèvement. Or les érudits chinois s'offrent, dans la nouvelle Bibliothèque nationale où ces trésors vont être transportés, à faire exécuter sous leur surveillance les copies dont nous aurions besoin : c'est vous dire de quelles excellentes dispositions ils sont animés à notre égard.

Vous le voyez, Messieurs, je n'avais pas tort de vous dire que les conditions du travail sinologique étaient en train de se transformer. Je vous ai parlé de notre Bibliothèque nationale et de celle qui vient de se fonder à Pékin. Mais nous ignorons encore ce que les études chinoises auront à prendre, et qui sera certainement très considérable, dans les collections rapportées à Berlin et à Londres. Sans doute le Turkestan n'est pas inépuisable comme l'Égypte ; déjà on n'emploie plus à Tourfan, comme il y a dix ans, les feuillets des vieux manuscrits en guise de carreaux pour les fenêtres. Mais hier encore le colonel Kozlov a, dit-on, découvert au Nord du Kan-sou un grand nombre de textes *si-hia*. Chaque jour nous apporte de nouvelles surprises. Notre champ de recherches s'étend sans cesse. Dans cette foison de documents nouveaux, je souhaite seulement que vous trouviez suffisante la part rapportée par notre mission. Notre tâche d'ailleurs ne s'arrête pas là, au retour. Il faut maintenant élaborer et publier. Le travail est immense, et exigera le concours de nombreux ouvriers.

MACON, PROTAT FRÈRES, IMPRIMEURS

Grottes du Ts'ien-fo-tong du Touen-houang.
1. Grotte décorée sous les Weï (VIe siècle).

Grottes du Ts'ien-fo-tong de Touen-houang.
2. Donateurs : un roi de Khotan et sa famille (commencement du xe siècle).

MANUELS DE BIBLIOGRAPHIE HISTORIQUE

## I. — LES ARCHIVES DE L'HISTOIRE DE FRANCE

PAR

M. CH.-V. LANGLOIS, Archiviste-paléographe, professeur-adjoint à la Faculté des lettres de Paris.

M. H. STEIN, Archiviste-paléographe, Archiviste aux Archives nationales.

1 vol. in-8° de XIX-1000 pages, broché.......... 15 fr.
Le même, relié toile, non rogné.................. 17 fr.

## II. — MANUEL DE BIBLIOGRAPHIE GÉNÉRALE

(BIBLIOTHECA BIBLIOGRAPHICA NOVA)

PAR HENRY STEIN.

1 volume in-8° (xx-895 pages)................................ 15 fr.
Le même, relié toile, non rogné................................ 17 fr.
Trois appendices terminent le volume
1° Liste raisonnée des localités du monde entier qui ont possédé une imprimerie avant le XIX<sup></sup> siècle.
2° Répertoire des tables générales de périodiques de toutes langues.
3° Répertoire des catalogues d'imprimés des principales Bibliothèques du monde.

## III. — LES SOURCES DE L'HISTOIRE DE FRANCE

PREMIÈRE PARTIE : **Des origines aux guerres d'Italie** (1494), par AUGUSTE MOLINIER.

I. ÉPOQUE PRIMITIVE. — MÉROVINGIENS ET CAROLINGIENS.
II. ÉPOQUE FÉODALE. — LES CAPÉTIENS JUSQU'EN 1180.
III. LES CAPÉTIENS, 1180-1328.
IV. LES VALOIS, 1328-1461.
V. INTRODUCTION GÉNÉRALE. — VALOIS (*suite*), 1461-1494.
VI. TABLE GÉNÉRALE rédigée par L. Polain.

6 vol in-8°, chacun, broché.......................................... 5 fr.
— relié toile.......................................... 7 fr.

DEUXIÈME PARTIE : **Le XVI<sup></sup> siècle** (1494-1610), par H. HAUSER, professeur à l'Université de Dijon.

I. LES PREMIÈRES GUERRES D'ITALIE. — CHARLES VIII et LOUIS XII (1494-1515). 1 vol. in-8° (xx-197 p.), br. 5 fr. rel. t.......... 7 fr.

## IV. — BIBLIOGRAPHIE GÉNÉRALE DES CARTULAIRES FRANÇAIS OU RELATIFS A L'HISTOIRE DE FRANCE

PAR HENRY STEIN.

1 vol in-8°, broché.......................................... 15 fr.
— relié toile.......................................... 17 fr.

ACADÉMIE DES INSCRIPTIONS ET BELLES-LETTRES

## COMPTES RENDUS DES SÉANCES

PUBLIÉS PAR M. LE SECRÉTAIRE PERPÉTUEL DE L'ACADÉMIE

Ce recueil paraît tous les mois par fascicules de 7 à 8 feuilles, avec pl. et fig.

PRIX DE L'ABONNEMENT : 12 FRANCS PAR AN

1873 à 1900. — Chaque année complète.......................... 10 fr.
1901 et années suivantes.......................... 15 fr.

## LIBRAIRIE ALPHONSE PICARD ET FILS

RUE BONAPARTE, 82, PARIS

*Vient de paraître :*

**Manuel de Paléographie latine et française**, par M. Prou, membre de l'Institut, 3e édition, entièrement remaniée, 1 vol. in-8°, 509 p. et un album de 24 pl. facsim. en un carton in-4°, broché.......... 15 fr.

Relié toile.......... 17 fr.

**Bibliographie lyonnaise**. Recherches sur les imprimeurs, libraires, relieurs et fondeurs de lettres de Lyon au XVIe siècle, par le Président Baudrier, publiées et continuées par J. Baudrier. Huitième série, gr. in-8°, 57 reprod. en fac-sim.. 20 fr.

**Commentaire anonyme sur Prudence d'après le manuscrit 413 de Valenciennes**, par John Burnam. 1 vol. in-8°.......... 10 fr.

**Ducs de Bourgogne de la maison de Valois d'après des documents inédits**. Tome I : Philippe le Hardi, première partie (1363-1380), par Ernest Petit. 1 vol. in-8°.......... 12 fr.

**Histoire de Charles V**, par R. Delachenal. Tomes I et II (1338-1364). 2 vol. in-8° br.......... 20 fr.

Ouvrage auquel l'Académie des inscriptions et belles-lettres a accordé le premier prix Gobert.

**Histoire de la Charité**, par L. Lallemand. Tome IV. Les temps modernes. (Du XVIe au XIXe siècle.) Première partie : Des théories en matière d'assistance. Les pertes et les épidémies. La lutte contre la mendicité, etc. 1 vol. in-8°.... 7 fr. 50

**Histoire de la Compagnie de Jésus en France des origines à la suppression (1528-1762)**. Tome I : Les origines et les premières luttes (1528-1575), par le P. Henry Fouqueray, S. J. 1 vol. in-8°.......... 10 fr.

*En préparation*. Tome II : La Ligue et Henri IV (1575-1610).

**L'administration royale dans la sénéchaussée de Beaucaire au temps de saint Louis**, par Robert Michel, membre de l'École française de Rome. 1 vol. in-8° (1 carte).......... 15 fr.

**Le Journal d'un Bourgeois de Paris sous le règne de François Ier** (1515-1536). Nouvelle édition publiée avec une introduction et des notes par V.-L. Bourrilly. 1 vol. in-8°.......... 10 fr.

Fascicule de la Collection de Textes pour servir à l'étude et à l'enseignement de l'histoire.

**Les origines de la domination angevine en Italie**, par E. Jordan. 1 vol. in-8°.......... 10 fr.

**Recherches sur divers services publics du XIIIe au XVIIe siècle**, par le colonel Borrelli de Serres. Tome III. Notices relatives au XIVe et au XVe siècle. 1 vol. in-8°.......... 10 fr.

**Textes et documents pour l'étude historique du christianisme** (textes et traductions) publiés sous la direction de Hippolyte Hemmer et Paul Lejay, vol. in-16. I. Justin : *Apologies*, par Louis Pautigny. 2 fr. 50. — II. Eusèbe : *Histoire ecclésiastique*, livres I-IV, par Émile Grapin. 4 fr. — III. Tertullien : *De pœnitentia, de pudicitia*, par Pierre de Labriolle. 3 fr. — IV. Tertullien : *De praescriptione haereticorum*, par Pierre de Labriolle. 2 fr. — V. Les Pères apostoliques : I. *La Didachè et l'épître de Barnabé*, par A. Laurent, G. Oger et H. Hemmer. 2 fr. 50. — VI. Grégoire de Nazianze : *Discours funèbres en l'honneur de son frère Césaire et de Basile de Césarée*, par P. Boulanger. 3 fr. — VII. Grégoire de Nysse : *Discours Catéchétique*, par L. Méridier. 3 fr. — VIII. Justin : *Dialogue avec Tryphon*, I, par G. Archambault. 3 fr. 50. — IX. Philon : *Commentaire allégorique des Saintes Lois*, par H. Bréhier. 3 fr. 50. — X. Les Pères apostoliques : II. *Clément de Rome*, par H. Hemmer. 3 fr. — XI. Justin : *Dialogue avec Tryphon*, II et dernier, par G. Archambault. 3 fr. 50. — XII. Pères apostoliques : III. *Ignace d'Antioche, Polycarpe de Smyrne; Epîtres. — Martyre de saint Polycarpe*, par E. Lelong. 3 fr.

VALOIS (Noël), membre de l'Institut. **La crise religieuse du XVe siècle. Le Pape et le Concile (1418-1450)**. 2 vol. in-8° (10 pl. et fig.).......... 20 fr.

Cet important ouvrage est le complément naturel du précédent ouvrage du même auteur :

— **La France et le grand Schisme d'Occident**. 4 vol. in-8°.......... 40 fr.

MACON, PROTAT FRÈRES, IMPRIMEURS. *Le Gérant*, A. Picard.

www.ingramcontent.com/pod-product-compliance
Lightning Source LLC
LaVergne TN
LVHW052038160826
845678LV00003B/1414

* 9 7 8 2 3 2 9 6 3 3 3 9 8 *